EINFÜHRUNG IN DAS ALTE TESTAMENT
UND IN DIE HEBRÄISCHE LYRIK

SCHLÜSSEL ZUM AT VIDEO-SERIE

DAVID PAWSON

ANCHOR RECORDINGS

Copyright © 2022 David Pawson Ministry CIO

David Pawson ist gemäß dem Copyright, Designs and Patents Act 1988 der Urheber dieses Werkes.

Alle Rechte vorbehalten.

Herausgeber der deutschen Ausgabe 2022 in Großbritannien: Anchor, ein Handelsname von David Pawson Publishing Ltd. Synegis House, 21 Crockhamwell Road, Woodley, Reading RG5 3LE UK

Dieses Werk ist urheberrechtlich geschützt. Ohne vorherige schriftliche Genehmigung des Verlages darf kein Teil dieses Buches in irgendeiner Form vervielfältigt oder weitergegeben werden. Das betrifft auch die elektronische oder mechanische Vervielfältigung und Weitergabe, einschließlich Fotokopien, Aufzeichnungen und Systemen zur Informations- und Datenspeicherung und deren Wiedergewinnung.

Die Bibelzitate wurden folgenden Bibelübersetzungen entnommen: Lutherbibel, revidiert 2017, © 2016 Deutsche Bibelgesellschaft, Stuttgart (LUT); Elberfelder Bibel 2006, © 2006 by SCM R.Brockhaus in der SCM Verlagsgruppe GmbH, Witten/Holzgerlingen (ELB); Neues Leben. Die Bibel, © der deutschen Ausgabe 2002 und 2006 SCM R.Brockhaus in der SCM Verlagsgruppe GmbH, Witten/Holzgerlingen (NLB); Schlachter Übersetzung 2000, ©Genfer Bibelgesellschaft, CH-1204 Genf (SLT); Zürcher Bibel 2007, © TVZ Theologischer Verlag Zürich AG (ZB).

Übersetzung aus dem Englischen: Lisa Schmid, Ditzingen

Weitere Titel von David Pawson, einschließlich DVDs und CDs:
www.davidpawson.com

KOSTENLOSE DOWNLOADS:
www.davidpawson.org

Weitere Informationen:
info@davidpawsonministry.org

ISBN 978-1-913472-52-8

Gedruckt von Ingram Spark

Grundlage dieses Büchleins ist eine Reihe mündlicher Vorträge. Vielen Lesern wird daher der Unterschied zu meinem gewöhnlichen Schreibstil auffallen. Das soll sie jedoch, wie ich hoffe, nicht vom Inhalt meiner biblischen Erörterung ablenken.

Wie immer bitte ich meine Leser, alles, was ich sage oder schreibe, mit dem biblischen Text zu vergleichen. Wenn sie irgendwo einen Widerspruch entdecken, fordere ich sie hiermit auf, sich am klaren Wortlaut der Bibel zu orientieren.

David Pawson

Inhalt

Einführung in das Alte Testament 7

Einführung in die Hebräische Lyrik 29

EINFÜHRUNG
IN DAS ALTE TESTAMENT

Statt nur über ein biblisches Buch zu sprechen, möchte ich Ihnen einen Überblick über das *gesamte* Alte Testament geben. Es handelt sich um eine Büchersammlung, die einen Zeitraum von zirka 1000 Jahren abdeckt, von vielen verschiedenen Autoren geschrieben wurde und zahlreiche unterschiedliche Buchgattungen enthält. Es gibt Geschichtsbücher, Gesetzbücher und Liederbücher. In welcher Beziehung stehen diese insgesamt 39 Werke zueinander? Meiner Ansicht nach ist es wichtig, in der Gesamtschau zu verstehen, wie diese Bücher zusammenpassen. Gott hat uns leider keine nach Themen geordnete Bibel gegeben, das wäre doch schön, oder? Wenn das 1. Buch Mose nur von Gott handeln würde, das 2. Buch Mose alle Informationen über Jesus enthielte und das 3. Buch Mose sich auf den Heiligen Geist konzentrierte – dann müssten wir keine Konkordanzen kaufen und uns die Informationen aus der gesamten Bibel zusammensuchen. Gott hat uns mit Absicht keine derartige Bibel gegeben. Er wollte nicht, dass wir eine solche Bibel hätten, daher finden wir Informationen zu jedem möglichen Thema über die ganze Bibel verstreut. Auch hat er uns keine Kiste voller Textstellen gegeben, selbst wenn wir die Bibel seit Einführung der Kapitel- und Versnummern entsprechend behandeln. So oft picken wir uns hier und dort einen Vers heraus und ignorieren dabei den Kontext.

Gott hat uns tatsächlich eine *Bibliothek* gegeben. Das

Wort Bibel steht im Plural. Es kommt vom lateinischen Wort *biblia* und bedeutet Bücher, nicht Buch. Daher ist die Bibel kein Buch, sondern eine Bibliothek voller Bücher, und jedes Buch ist eine eigenständige Einheit. Gott will, dass Sie sein Wort Buch für Buch kennenlernen, weil er es uns in dieser Form gegeben hat. Hätte er uns nur viele einzelne Bibelverse mitteilen wollen, hätte er es getan. Doch er hat uns diese Bücher geschenkt. Jeder Text (wie wir jeden Vers nennen) steht im Kontext eines dieser Bücher, und dieses Buch wiederum steht im Kontext der Geschichte. Gott hat uns sein Wort in Zeit und Raum gegeben, und es ist sehr wichtig, diese beiden Dimensionen zu erfassen, damit wir verstehen können, zu welcher Zeit und an welchem Ort er diese Aussagen getroffen hat. Seine Worte waren immer eine Reaktion auf eine bestimmte Situation innerhalb von Zeit und Raum, und diese beiden bilden den Kontext, den wir kennen müssen. Daher möchte ich Ihnen jetzt etwas von diesem Kontext vermitteln.

Beginnen wir mit dem Raum, und dafür brauchen wir natürlich Karten. Die Bibel hat sowohl ihre eigene Geographie als auch ihre eigene Geschichte. Beide müssen wir im Kopf behalten, wenn wir sie lesen. Eigentlich benötigen wir nur zwei Karten: eine Karte des gesamten Nahen Ostens und eine Karte des Verheißenen Landes im Nahen Osten. Diese Karten sollten wir möglichst vor unserem inneren Auge haben.

Die Schlüsselregion auf der Karte des Nahen Ostens ist der von den Geografen so bezeichnete „Fruchtbare Halbmond". Diesen Ausdruck werden Sie in vielen Büchern über die Bibel lesen. Ich habe den Halbmond auf dieser Karte eingezeichnet. Er verbindet zwei sehr große Flüsse miteinander – den Nil auf der einen und die beiden Flüsse Euphrat und Tigris auf der anderen Seite. Diese beiden großen Flussgebiete sorgen für Fruchtbarkeit. Es handelt sich

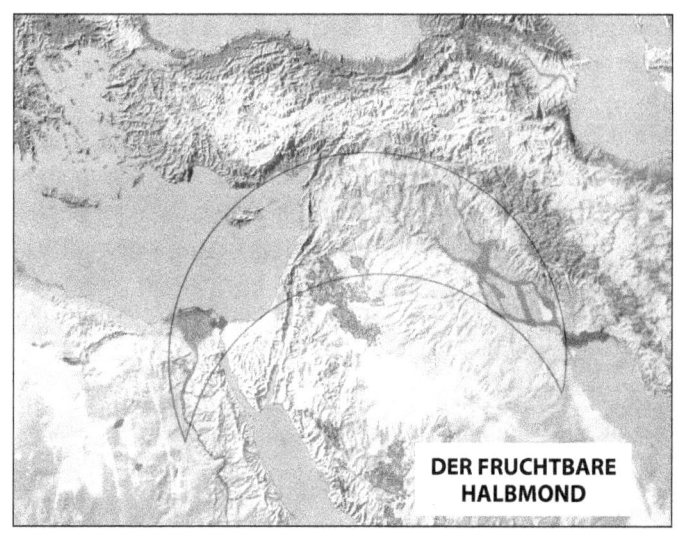

also um sehr fruchtbare Flusstäler, das Nildelta und das Niltal einerseits sowie der Tigris und der Euphrat andererseits. Diese Region nannte man früher Mesopotamien, was „die Mitte zwischen den Flüssen" bedeutet, *meso* die Mitte und *potamia* Flüsse, d.h. zwischen den beiden Flüssen liegt eine sehr fruchtbare und sehr flache Ebene. Diese beiden fruchtbaren Gebiete waren die Machtzentren der antiken Welt, die Weltmächte im Osten und im Westen.

Das gesamte Alte Testament berichtet von dem Kampf zwischen diesen zwei Weltmächten: zwischen Ägypten und den verschiedenen Reichen, die sich auf der anderen Seite erhoben, hauptsächlich Assyrien und Babylon. Heute liegen dort der Iran und der Irak, der von den beiden Flüssen durchzogen wird.

Wir sehen also die beiden Weltmächte des antiken Nahen Ostens und genau dazwischen das Verheißene Land. Sie haben sicher schon bemerkt, dass die arabische Wüste und die Sahara dieses gesamte Gebiet bedecken. Wollten die beiden Großmächte einander angreifen, mussten sie über dieses schmale Landstück reisen. Vielleicht können Sie das ziemlich dunkel gefärbte Gebiet erkennen. Es handelt sich um schwarzen Basaltfelsen, der sehr scharf und hart ist – selbst Kamele können ihn nicht überqueren. Was bedeutet, dass der gesamte Reiseverkehr durch diesen engen Küstenstreifen umgeleitet wurde. Wollten Sie nicht die Wüste durchqueren (was den meisten nicht behagte), sondern ihre Truppen weiterhin ernähren, mussten Sie dem fruchtbaren Halbmond folgen – Sie mussten entlang dieses Halbmondes reisen, um am anderen Ende Ihren Feind angreifen zu können. Was bedeutet, dass Israel an der „Hauptkreuzung" der Welt lag. Jemand hat einmal über Israel gesagt: Wenn Sie mitten auf einer Kreuzung leben, werden Sie früher oder später überfahren – und genau das geschah damals. Sie wurden ständig überfahren; zu Lebzeiten Jesu von den Römern und zuvor von den Griechen, den Syrern und den Ägyptern und so weiter und so fort. Wir sehen also zwei Weltmächte jeweils an den gegenüberliegenden Seiten dieses Halbmondes und einen schmalen Küstenkorridor dazwischen. Gott gab ihnen ein Land an der Hauptkreuzung der Welt. Tatsächlich führt die Straße von Europa nach Arabien durch diesen Korridor hinunter, und die Straße von Afrika nach Asien führt hinauf. Auf dieser Karte sehen wir, wie die Handelsstraße aus Europa der Küste entlang verläuft, die Jesreel-Ebene durchquert, in das Jordantal hinabführt, auf der anderen Seite wieder hinauf und dann schließlich hinunter nach Arabien. Der Handelsweg von Afrika kommt die Küstenebene hinauf, durchquert dieselbe Jesreel-Ebene und führt nordwärts durch Kapernaum, weiter durch Damaskus und schließlich bis nach Indien und China.

Die Hauptkreuzung der Welt liegt an einem kleinen Hügel namens Megiddo, und dieser Hügel heißt auf Hebräisch Harmageddon (Armageddon); daher fanden die meisten großen historischen Schlachten dort statt, an der Hauptkreuzung der Welt. Oberhalb dieser Kreuzung lag das Dorf Nazareth, und ein Junge aus Nazareth konnte beobachten, wie die ganze Welt an ihm vorbeizog. Jesus konnte als Junge auf diesem Hügel liegen, und es muss sich angefühlt haben, wie in der Wartehalle eines Flughafens zu sitzen; dort kann man sehen, wie Menschen aller Nationalitäten kommen und gehen. Darum nennt man den nördlichen Teil Galiläas das „Galiläa der Nationen", weil es eine internationale Verkehrskreuzung war. Im Gegensatz dazu war die Gegend in den Bergen weiter südlich isolierter und sehr jüdisch geprägt. Jerusalem befindet sich genau dort in den Bergen. Es gab also zwei Teile des Verheißenen Landes: den internationalen Teil, durch den alle Nationen kamen und gingen, und den sehr jüdischen, isolierten Teil oben in den Bergen mit Jerusalem.

Diese geografische Position ist geistlich bedeutsam. Gott

siedelte sein Volk an diesem Kreuzungspunkt an, wo es ein Modell für das Königreich Gottes auf Erden sein sollte. Die ganze Welt konnte den Segen beobachten, der auf Menschen kam, die unter der Herrschaft Gottes lebten; sie konnte aber auch den Fluch verfolgen, der dieses Volk befallen sollte, wenn es Gott nicht gehorchte.

Sie können also erkennen, warum Gott dieses Land erwählte. Es ist ein sehr fruchtbarer Landstreifen. Dort sehen Sie die schwarzen Basaltfelsen. Sie nutzten dieses Material, um daraus Häuser in Kapernaum zu bauen – ein schrecklich hartes und scharfkantiges Gestein. Diese Region war unpassierbar, sie hatten also diese Barriere aus Sand und Basaltfelsen im Osten und die Grenze des Meeres im Westen. Der gesamte Reiseverkehr zog die Küste hinunter durch den kleinen Zwischenraum in den Bergen, den wir das Tal Jesreel oder Harmageddon (Armageddon) nennen. Dann gibt es eine riesige Spalte in der Erdoberfläche, die bis nach Afrika verläuft, und hier ist ihr tiefster Punkt. Der weiße Teil liegt unter dem Meeresspiegel, und das Tote Meer liegt weit darunter. Der Jordan fließt in dieses Tal und führt nirgendwohin, er verdampft einfach in der starken Hitze.

Das Verheißene Land ist ungefähr so groß wie das Bundesland Hessen. Doch es beinhaltet die ganze Welt in Miniaturform. Sie finden jedes Klima und jede Landschaft dort. Irgendwo in Israel fühlt sich jeder wie zu Hause. England am ähnlichsten ist es ein wenig südlich von Tel Aviv. Das Karmel-Gebirge im Norden wird die „kleine Schweiz" genannt. Sie können im Hermongebirge Ski fahren – und nach einer kurzen Autofahrt unter Palmen Rast machen. In Israel findet man die gesamte Flora und Fauna Europas, Afrikas und Asiens. Schottische Pinien wachsen neben Palmen aus der Sahara. Zu biblischen Zeiten gab es wilde Tiere wie Löwen, Bären, Krokodile und Kamele. Es scheint, als wäre die ganze Welt in dieses kleine Land hineinversetzt worden, wo sich die Kontinente treffen. Wenn Sie einmal ein Gefühl für die Geographie und die Form des Landes bekommen haben, ist es faszinierend.

Diese Karte des Verheißenen Landes ist eine Relief-Karte. Sehen Sie dieses tiefe Tal, das von Nord nach Süd verläuft und dann die Wüste? Wenn Sie sich diese Karte einprägen, werden Sie jede biblische Geschichte, die im Verheißenen Land spielt, besser verstehen können. Sie werden wissen, warum die Dinge so geschahen, wie sie geschahen; warum Samaria in der Mitte lag und warum sich der Dienst Jesu hauptsächlich oben in Galiläa abspielte; warum er von den Juden getötet wurde. Damit sind nicht alle Israelis gemeint, sondern die Menschen aus Judäa. Lesen Sie im Johannesevangelium, dass die Juden Jesus töteten, ist damit nicht ganz Israel gemeint, sondern die Menschen im Süden, oben in den Bergen. Die Galiläer waren alle für Jesus. Es waren die Juden bzw. die Menschen in Judäa, im Süden, die etwas gegen ihn hatten. So sieht also der geographische Hintergrund der Bibel aus. Im Alten Testament bewegen wir uns in diesem fruchtbaren Halbmond, von einem Ende zum anderen. Manchmal ist das Volk Gottes in Ägypten versklavt, ein anderes Mal wird es nach Assyrien oder Babylon verschleppt. Doch dort befanden sie sich, genau in der Mitte, an der Hauptkreuzung der Welt.

Die andere Dimension, die Sie beherrschen sollten, ist die zeitliche Dimension. Ich habe versucht, sie auf ein sehr simples Schaubild zu reduzieren, das Sie sich leicht merken können.

Auf den ersten Blick mag es Ihnen abschreckend erscheinen, doch wenn wir es durchgehen, werden Sie merken, dass es tatsächlich sehr simpel ist. Das Alte Testament behandelt einen historischen Zeitabschnitt von 2000 Jahren vor dem Erscheinen Christi. 1. Mose 1-11 beinhaltet den „prähistorischen" Teil: die Erschaffung des Universums, den Sündenfall im Garten Eden, die Flut und den Turmbau zu

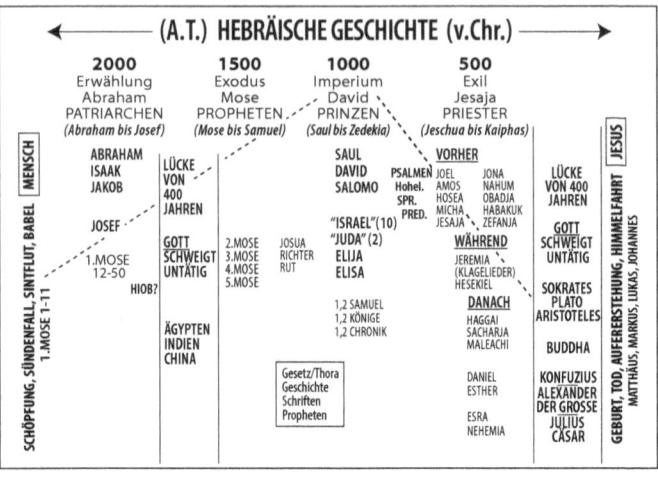

Babel. Der Fokus liegt hier auf der Menschheit allgemein. Es geht noch nicht um Gottes auserwähltes Volk, sondern um die Menschheit und damit um die prähistorische Geschichte Israels, bevor ihre Geschichte wirklich begann. Sie selbst fängt um das Jahr 2000 v.Chr. an. Genauso weit wie wir uns zeitlich nach Christus befinden, beginnt die Geschichte Israels vor Christus – 2000 Jahre auf jeder Seite.

Das ist unser Anfangsdatum für die Geschichte Israels und ich teile sie ein in vier gleich große Abschnitte von jeweils 500 Jahren. Wir betrachten diese vier Viertel als unterschiedliche Zeitperioden. Wir verbinden jedes der vier Daten (2000, 1500, 1000 und 500 v.Chr.) mit Ereignissen und Personen. Ich ordne diesen Daten gerne die Namen von Menschen und Ereignissen zu, damit sie leichter im Kopf zu behalten sind. Die ersten vier Worte, die ich aufgeschrieben haben, sind Ereignisse: Erwählung, Exodus, Imperium und Exil. Damit haben Sie die vier Ereignisse, die diese vier Zeitperioden prägen: Als Gott Abraham und seine Nachkommen zu seinem Volk erwählte; als Mose sie aus Ägypten herausführte; als sie fast das gesamte Land besaßen, das Gott ihnen verheißen hatte – das habe ich das Imperium genannt, weil sie nicht nur ihr eigenes Land besaßen, sondern viele andere Nationen standen damals unter ihrer Herrschaft. Dann kommt der absolute Tiefpunkt ihrer Geschichte: das Exil. Grob umrissen entsprechen diese vier Ereignisse den vier Daten. Dann versehe ich jedes dieser Daten mit einer prominenten Person. Abraham wird dem Jahr 2000 v.Chr. zugeordnet, Mose ungefähr dem Jahr 1500 v.Chr., David dem Jahr 1000 v.Chr. (er regierte im Jahr 1000 v.Chr.) und Jesaja ist der bekannteste Mann im Zusammenhang mit dem Exil. Wir haben also vier Ereignisse und vier Personen. Doch auch die Herrschaftsform Israels veränderte sich und war in jedem dieser vier Zeitabschnitte eine andere. Während des ersten Zeitabschnitts waren Patriarchen (was tatsächlich eine Bezeichnung für Vorväter ist) die Anführer Israels, von Abraham bis Josef. Im zweiten standen Propheten an der Spitze des Volkes: angefangen mit Mose bis hin zu Samuel. In der dritten Zeitperiode wurde Israel von Königen oder Prinzen angeführt, von Saul bis Zedekia. In der vierten übernahmen die Priester die Macht, von Jeschua (ein Priester, der unter der Herrschaft Serubbabels aus dem Exil nach Juda zurückkehrte) bis zu Kaiphas zur Zeit Jesu.

Sie sehen also, dass sich die Herrschaftsform von den Patriarchen über die Propheten zu den Prinzen und schließlich zu den Priestern wandelte. Das bedeutet nicht, dass es zu anderen Zeiten keine Propheten oder Priester gegeben hätte, doch die Herrschaft über die Nation wurde von einer Gruppe zur nächsten weitergegeben – bis Jesus kam, der Prophet, Priester und König war, alles in einem. Sie probierten also in ihrer Geschichte drei verschieden Herrschaftsformen aus, doch sie suchten tatsächlich nach jemandem, der alle diese Funktionen in sich vereinen würde, und alle diese Herrschaftsformen scheiterten im Alten Testament.

Haben Sie die vier grundlegenden Zeitperioden im Kopf? Sobald das der Fall ist, müssen wir zwei Lücken einbauen, jede von ihnen dauert 400 Jahre. Während dieser beiden Unterbrechungen von 400 Jahren schwieg Gott und handelte nicht. Daher berichtet die Bibel auch nichts über diese beiden Zeitabschnitte. Natürlich wurden Bücher während dieser Zeit verfasst, doch sie stehen nicht in unserer Bibel, weil sie nicht die Zeitspanne behandeln, in der Gott sprach und wirkte. Wenn wir in der Bibel den Begriff „der lebendige Gott" lesen, verstehen Sie, was das bedeutet? Haben Sie begriffen, was damit gemeint war, als Theologen vor ein paar Jahren sagten: „Gott ist tot"? Haben Sie diesen Satz schon einmal gehört? Sie meinten damit nicht, dass Gott aufgehört hätte zu existieren – das war ein häufiges Missverständnis. Sie meinten Folgendes: Gott ist nicht länger aktiv in dieser Welt; er existiert zwar noch, doch er befindet sich an einem anderen Ort. Wie Sie vielleicht wissen, haben meine Frau und ich unsere Tochter verloren – sie war damals 36. Sie ist tot; das bedeutet jedoch nicht, dass sie aufgehört hätte zu existieren. Sie lebt, sie ist bei Bewusstsein und sie kommuniziert, auch wenn sie jetzt nicht mit uns sprechen kann. Doch sie lebt momentan nicht – damit meinen wir, dass sie momentan in dieser Welt weder redet noch handelt, wie sie es früher tat, doch sie ist bei vollem Bewusstsein und kommuniziert woanders. Sie ist beim Herrn. Daher ist sie lebendig, allerdings lebt sie gerade nicht in dieser Welt; für diese Welt ist sie tot. Das ist es, was mit dem „lebendigen Gott" gemeint ist. Während dieser zwei Zeitspannen war Gott quasi tot, wenn Sie es so ausdrücken wollen. Er handelte nicht in dieser Welt, er war nicht mit ihr verbunden. Die Bücher, die während dieser Zeit verfasst wurden, waren die Apokryphen, die Sie nicht in unseren Bibeln finden. Die Katholiken haben sie in ihre Bibeln integriert, weil sie dort Gebete finden, die an die Heiligen gerichtet sind, und das Fegefeuer. Darum haben sie diese Schriften aufgenommen. Allerdings gehören sie nicht in die Bibel, weil diese Bücher geschrieben wurden, als Gott nicht in diesem Sinne lebendig war. Doch in *jenen* Zeiten war er der lebendige Gott, er sprach und handelte in unserer Welt.

Wir sehen hier also diese beiden Unterbrechungen – eine im ersten Viertel, die andere im letzten. Aus diesem Grund ist Maleachi in unserem Alten Testament das letzte Buch, nach dem es dann eine vierhundertjährige Lücke gibt, bevor es mit Matthäus weitergeht; weil Gott während dieser Zeit weder etwas sagte noch etwas tat, sind wir an diesem Abschnitt der Geschichte nicht interessiert. Er ist also ein x-beliebiger Abschnitt. Damit vergleichbar gibt es auch eine Lücke zwischen dem 1. und 2. Buch Mose, eine Unterbrechung von 400 Jahren. Das beachten wir oft nicht, wenn wir einfach weiterlesen. Doch das 2. Buch Mose macht deutlich, dass es eine Lücke von 400 Jahren gab. Interessant ist, was während dieser Zeiten passierte, als Gott schwieg und untätig war. Während des ersten Zeitabschnitts entwickelten sich die ägyptische, die indische und die chinesische Kultur. In der zweiten Periode tauchten Personen wie Sokrates, Plato und Aristoteles auf und die griechische Philosophie, die die westliche Welt so sehr beeinflusst hat. Andere große Persönlichkeiten dieser Epoche waren Buddha, Konfuzius, Alexander der Große und Julius Cäsar. Wenn Gott nicht beschäftigt ist, ist es der Mensch sehr wohl. So vieles ist in der Menschheitsgeschichte passiert, was für Gott nicht wirklich wichtig ist. Umso relevanter ist für uns, was sich während Gottes Geschichte ereignete.

Wenden wir uns nun den Details zu.

Das erste Buch Mose, Kapitel 12-50, behandelt den ersten Abschnitt der Geschichte Israels. Damals waren Patriarchen die Anführer des Volkes. Möglicherweise wurde auch das Buch Hiob zu dieser Zeit verfasst, da sein Lebensstil Parallelen zur Welt der Patriarchen aufweist – dem Leben der umherziehenden Völker der damaligen Zeit.

Verhältnismäßig wenige Bücher decken das nächste Viertel ab.

Das zweite, dritte, vierte und fünfte Buch Mose wurden alle von Mose verfasst. Die Bücher Josua, Richter und Rut setzen die Geschichtsschreibung dieser Periode fort.

Dann kommt die Zeit des Imperiums, dazu gibt es mehr Bücher: Samuel, die Könige und die Chroniken sowie die poetischen Bücher: die Psalmen, die Sprüche, der Prediger und das Hohelied. Während dieses dritten Zeitabschnitts kam es nach der Herrschaft Salomos zum Bürgerkrieg. Damals spalteten sich die zwölf Stämme in zwei Volksgruppen: Die zehn Stämme des Nordreichs nannten sich Israel, die zwei Stämme im Süden hießen nun Juda. Es war das Ende der geeinten Nation. Während dieser Zeit gab es zwar Propheten, nämlich Elia und Elisa, doch sie schrieben ihre Prophetien für nachfolgende Generationen nicht auf, daher haben wir keine Bücher, die nach ihnen benannt wären.

Dann plötzlich haben wir eine große Anzahl von Büchern, die ausnahmslos von Propheten stammen und das Exil betreffen. Zur damaligen Zeit wurden die Hauptbücher der Propheten geschrieben. Manche prophezeiten vor dem Exil, andere während des Exils und wieder andere danach. Das zeigt uns, wie wichtig dieses Ereignis in ihrer Geschichte war – der Verlust des Landes, das Gott ihnen versprochen hatte. Einige Propheten warnten das Volk, dass es sein Land verlieren würde. Manche trösteten die Menschen, als sie das Land tatsächlich verloren hatten. Wieder andere sorgten sich um den Wiederaufbau des Landes, als das Volk 70 Jahre später nach Judäa zurückkehrte. Wir haben ein oder zwei Geschichtsbücher aus dieser Zeit. Die Bücher Daniel und Esther handeln beide von den Juden, die im Exil in Babylon lebten. Esra und Nehemia waren die beiden Männer, die beim Wiederaufbau Jerusalems und der Wiederansiedlung der Menschen in ihrem eigenen Land mithalfen.

Verstehen Sie jetzt das Alte Testament besser? Leider stehen die Bücher des Alten Testaments nicht immer in chronologischer Reihenfolge, das gilt insbesondere für die Propheten. Bei den Geschichtsbüchern ist das eher der Fall, doch wenn Sie zu den Propheten kommen, wurden die großen einfach vorne eingeordnet und die kleinen an zweiter Stelle, was furchtbar verwirrend ist. Was ich damit sagen möchte, ist: Bei jedem prophetischen Buch müssen Sie sich fragen: Wurde es vor dem Exil, während des Exils oder nach dem Exil geschrieben? Das gibt Ihnen den entscheidenden Hinweis zu seinem Verständnis. Ich hoffe, dass Ihnen jetzt alles klar ist. Wenn Sie sich die grundlegenden Fakten merken können, diese 2000 Jahre der Geschichte, die in jeweils 500 Jahre aufgeteilt werden, dann haben Sie ein wirklich gutes Raster, in das Sie die Bücher einordnen können.

Natürlich gibt es verschiedene Arten von Büchern: das Gesetz, die ersten fünf Bücher. Sie können erkennen, wo sie hingehören: Das 1. Buch Mose vor der Lücke und die anderen vier danach. Dann kommen wir zu den Geschichtsbüchern, und Sie sehen, wo sie hineinpassen. Schließlich die Schriften, hauptsächlich poetische Bücher. Sie stammen aus der Zeit des größten Wohlstands. Dann blühen Kunst und Kultur. Wenn ein Land reich ist und sich im Frieden befindet, dann wird Dichtkunst verfasst. Kunst und Kultur sind ein Luxus, und Sie können sehen, dass sie sich auf dem Höhepunkt voll entfalten.

Ein weiterer Aspekt des Schaubildes, den Sie sicherlich bemerkt haben, ist diese gestrichelte Linie. Der Höhepunkt ihres Glücks war das Reich unter König David; alles geht aufwärts bis zu seiner Herrschaft, von da ab geht es dann abwärts, bis sie das Land verlieren. Es ist wirklich eine tragische Geschichte. Jeder Jude blickt auf diese erfolgreiche Periode zurück und sehnt sich nach ihrer Wiederkehr. Es war ihr goldenes Zeitalter: Herr, sende uns einen weiteren David, einen Messias wie David, sende uns den Sohn Davids; bis heute hält das jüdische Volk nach diesem Sohn Davids Ausschau, nach seiner Wiederkehr, um den Wohlstand wiederherzustellen. Vor der Himmelfahrt Christi stellten ihm seine Jünger eine letzte Frage: Wann machst du Israel wieder zu einem Königreich? Dieselbe Frage stellen die Juden auch 2000 Jahre später.

Das ist also der Höhepunkt ihres Glücks, es geht immer weiter und weiter hinauf bis zu diesem Punkt, und dann nur noch immer weiter und weiter abwärts: Bürgerkrieg und Spaltung zwischen den zehn Stämmen im Norden und den zwei Stämmen im Süden. Es steht alles im Buch der Könige, eine sehr traurige und schmutzige Geschichte. Die meisten ihrer Könige, die sie danach hatten, waren schlechte Regenten, viele wurden ermordet. Sie hatten eine fürchterliche Königin, nur eine, denn es war Gottes Wille, dass sie nur Könige haben sollten; doch diese eine fürchterliche Königin gab es.

Nach dieser zeitlichen Lücke von 400 Jahren, in der Gott kein Wort an sie richtete und sie keine Wunder sahen, begann es plötzlich wieder von Neuem: Johannes der Täufer fing an zu predigen, der erste Prophet seit langer Zeit. Dann kamen die Wunder, die Jesus vollbrachte. Mit der Geburt, dem Tod, der Auferstehung und Himmelfahrt Jesu fängt unser Neues Testament an, das nur knapp 100 Jahre abdeckt. Unser gesamtes Neues Testament wurde in 100 Jahren geschrieben, während man für das Alte Testament 2000 Jahre brauchte, und wenn Sie bis zur Schöpfungsgeschichte zurückgehen, wohl noch länger.

Dieses Schaubild habe ich immer im Kopf. Übrigens hat ein Freund von mir, Professor LaGard Smith, der Recht an der Pepperdine University in Malibu lehrt (meine Frau hieß Pepperdine, bevor ich ihren Namen änderte), eine einzigartige Bibel herausgebracht, ohne Kapitel- und

Versnummern. Diese Bibel ist chronologisch angeordnet, sodass Sie genau zur richtigen Zeit zu den jeweiligen Propheten kommen. Sie lesen die Geschichte in der Reihenfolge, in der Gott sprach und handelte, was für ein bemerkenswertes Buch. Die einzigen Unterteilungen sind ab und zu ein Sternchen am Seitenrand. Insgesamt gibt es 365 Sternchen. Erraten Sie, warum? Sie können die ganze Geschichte Gottes in einem Jahr durchlesen, zirka fünf Seiten am Tag. Ihnen wird dabei das Wort Gottes im richtigen Kontext von Zeit und Raum präsentierte, mit einigen sehr hilfreichen einleitenden Bemerkungen. Es ist wirklich eine faszinierende Bibel, sie ist jetzt verfügbar. Ich bekomme keine Prozente, wenn ich sie verkaufe, doch ich habe sie dabei; der Autor ist ein Freund von mir.

Jetzt haben wir die historische Seite beleuchtet und zuvor die geographische. Nun wollen wir eine weitere Komplikation betrachten. Es gibt nämlich einen großen Unterschied zwischen unserer christlichen und der hebräischen Bibel. Leider haben diejenigen, die unsere christlichen Bibeln zusammengestellt haben, uns keinen sehr guten Dienst erwiesen. Denn wir denken seither in anderen Bücherkategorien als die Juden, wenn es um die Schriften des Alten Testaments geht. Wir haben die Tendenz, in unserer christlichen Bibel die Bücher in drei Kategorien einzuordnen, was ich auf dem vorigen Schaubild zum Teil auch getan habe. Bei den Geschichtsbüchern haben wir alle, vom 1. Buch Mose bis Esther, am Anfang unseres Alten Testaments zusammen angeordnet und zwar in chronologischer Reihenfolge. Das ist hilfreich, um den Geschichtsverlauf zu verstehen – allerdings ist es unter einem anderen Gesichtspunkt gerade nicht hilfreich.

Die nächste Büchergruppe in unserer Bibel ist die Poesie: Das Buch Hiob, das ausschließlich aus Poesie besteht; die Psalmen, die Sprüche, auch sie gehören zur Dichtung; der

Prediger und das Hohelied. Die poetischen Bücher wurden also in der zweiten Gruppe zusammengefasst. Obwohl sie gruppiert worden sind, stehen sie in einer christlichen Bibel sehr selten unter der Überschrift „Geschichte" oder „Poesie". Die Bücher kommen also einfach eins nach dem anderen, und wir merken in der Regel nicht, wann wir zu einer anderen Art von Büchern übergegangen sind. Dann werden alle prophetischen Bücher aufgelistet, eingeteilt in große und kleine Propheten. Sie haben diese Bezeichnung sicherlich schon gehört. Es bedeutet nur, dass manche groß und andere klein sind – dabei geht es nicht um den Propheten oder seine Botschaft, sondern darum, wie viel sie gesprochen haben oder wie viel uns von ihren Aussprüchen überliefert ist. Wir haben viel von Jesaja, Jeremia und Hesekiel, jedoch sehr wenig von Joel oder Obadja. Daher werden die dickeren Bücher die großen genannt und die dünneren die kleinen. So ist das christliche Alte Testament angeordnet worden, was ehrlich gesagt nicht sehr hilfreich ist. Leider. Aber so sieht es aus.

In der hebräischen Bibel gibt es drei klar unterscheidbare Kategorien, die sehr unterschiedlich sind. Die ersten fünf Bücher werden überhaupt nicht als Geschichte angesehen, sondern als das Gesetz bezeichnet. Das habe ich Ihnen bereits erklärt. Daher werden sie auch nicht das 1. bis 5. Buch Mose genannt. Ihre Namen leiten sich von den ersten Worten ab, die man liest, wenn man die entsprechende Schriftrolle öffnet. Diese Bücher wurden und werden jedes Jahr in der Synagoge nach einer Leseordnung vorgelesen. Überraschenderweise wird die nächste Kategorie die „Propheten" genannt. Dieser Titel überrascht, da er mehrere Bücher einschließt, die in der christlichen Bibel als Geschichtsbücher gelten: Josua, Richter, Samuel und Könige werden die früheren Propheten genannt, während die großen und kleinen Propheten (wie sie in der christlichen Bibel heißen) als die späteren Propheten gelten. Warum bezeichnet man diese Bücher als „Propheten"? Natürlich kommen Propheten darin vor. Josua war ein Prophet, genau wie Samuel, doch das ist nicht der Grund. Vielmehr geht es darum, dass es sich um prophetische Geschichte handelt, und sie unterscheidet sich sehr von der übrigen Geschichte. Ich werde Ihnen erklären, warum. Geschichtsschreibung beruht immer auf zwei Prinzipien, dem Prinzip der Auswahl und des Zusammenhangs. Wenn jemand ein Geschichtsbuch schreibt, muss er als erstes entscheiden, was er berücksichtigt und was er auslässt. Niemand kann die gesamte Geschichte über eine Person oder ein Ereignis aufzeichnen. Tatsächlich schreibt Johannes in seinem Evangelium Folgendes: Wenn alles aufgeschrieben würde, was Jesus gesagt und getan hat, könnte die Welt die Bücher nicht fassen. Daher ist jedes Stück Geschichte eine Auswahl von Ereignissen. Jeder Historiker wählt das aus, was er für wichtig hält. Das zweite Prinzip ist der Zusammenhang. Nachdem er die wichtigen Ereignisse ausgewählt hat, versucht der Historiker die Verbindung zwischen ihnen aufzuzeigen: Dies hat zu diesem Ereignis geführt und dieses zu jenem. Die prophetische Geschichte gibt ihre eigene Antwort auf diese beiden Prinzipien. Sie wählt nur das aus, was für Gott wichtig ist – darum finden wir nichts über Buddha oder Konfuzius in der Bibel. Prophetische Geschichtsschreibung wählt das für Gott Wichtige aus und verbindet es damit, was Menschen mit Gott erleben, das ist die Verbindung.

Daher wurden diese Bücher aus einer prophetischen Sicht geschrieben – die Propheten wählen nur das aus, was für Gott wichtig ist, und verbinden alles mit Gott. Darum werden sie die „früheren Propheten" genannt.

Das Buch Rut und die Bücher der Chronik gelten in der christlichen Bibel als Geschichtsbücher. In der hebräischen Bibel hingegen zählen sie nicht zur prophetischen Geschichtsschreibung. Sicher steht die Geschichte von Rut in der christlichen Bibel zeitlich gesehen am richtigen Ort, zwischen den Richtern und Samuel. Sie ereignete sich zum damaligen Zeitpunkt, doch Gott spricht nicht und er handelt auch nicht, ist Ihnen das aufgefallen? Es ist eine wunderschöne Geschichte, die Geschichte über den Vorfahren von König David, doch es gibt kein einziges „So spricht der Herr" im Buch Rut; dasselbe gilt für die Chronik; auch wenn sie dem Buch der Könige ähnlich zu sein scheint, stellen Sie bei sorgfältigem Lesen fest, dass es sich ziemlich von den Königen unterscheidet. Es ist kein prophetisches Buch, sondern aus einer ganz anderen Perspektive verfasst worden.

Die Juden haben also die früheren und die späteren Propheten. Alles andere ordnen sie bei den Schriften ein, auch die Chronik, die sie „die Worte der Tage" nennen, ebenso wie das Buch Rut und die poetischen Bücher. Sie fügen dieser Rubrik auch den Prediger hinzu, während die Klagelieder einfach „Wie" genannt werden. Das ist das erste Wort des Buches. Auch Esther findet man dort und sogar Daniel. Daniel steht nicht bei den Propheten. Auch dafür gibt es einen Grund.

Interessanterweise erteilte Jesus auf dem Weg nach Emmaus und generell nach seiner Auferstehung Bibelunterricht. Vor seiner Auferstehung tat er das nie, doch danach erteilte er zum ersten Mal Bibelunterricht. Es heißt, dass er sie durch das Gesetz, die Propheten und die Schriften führte und ihnen alles zeigte, was dort über ihn geschrieben war. Jesus kannte diese Gliederung des Alten Testaments und er akzeptierte sie. Ich glaube, das sollten wir auch tun. Denn sie hilft uns zu erkennen, dass nicht alles nur Geschichte ist. Es ist prophetische Geschichte und hat uns daher etwas zu sagen.

Die Apokryphen sind Geschichtsbücher und enthalten beispielsweise einen faszinierenden Aspekt hebräischer oder israelischer Geschichte aus der Zeit der Makkabäer. Sie rebellierten gegen die Griechen, die das Land besetzt

HEBRÄISCH	ALTES TESTAMENT	CHRISTLICH
GESETZ (Thora, Pentateuch) „Im Anfang" (1.Mose) „Und dies sind die Namen" (2.Mose) „Und der Herr rief" (3.Mose) „In der Wüste" (4.Mose) „Dies sind die Worte" (5.Mose)	GESCHICHTE (VERGANGENHEIT) 1.Mose Rut 2.Mose 1,2 Samuel 3.Mose 1,2 Könige 4.Mose 1,2 Chronik 5.Mose Esra Josua Nehemia Richter Esther	

PROPHETEN
FRÜHERE * Josua   SPÄTERE Jesaja Jona
       * Richter   Jeremia Micha
       * Samuel   Hesekiel Nahum
       * Könige   Hosea Habakuk
                              Joel   Zefanja
                              Amos Haggai
                              Obadja Sacharja
                              Maleachi
	LYRIK (GEGENWART)
	Hiob
	Psalmen Der Prediger
	Sprüche Hohelied
	
	PROPHETIE (ZUKUNFT)
	Groß Jesaja Hesekiel
	(4) Jeremia Daniel
	        Klagelieder	

SCHRIFTEN Lobpreisungen (Psalmen) * Daniel
            Hiob   * Esra
            Sprüche   * Nehemia
            * Rut   * 1,2 „Die Worte
            Hohelied   der Tage" (Chronik)
            Der Prediger   „er ziehe hinauf"
            * Klagelieder   (Alijah) (letzte Worte)
            * Esther
Lukas 24; [27+44]
	Klein Hosea Zefanja
	(12) Amos Haggai
	        Obadja Sacharja
	        Jona Maleachi
	        Micha
	        Nahum „Bannfluch"
	        Habakuk (letztes Wort)
	        Joel	

hielten. Darüber sind Oratorien geschrieben worden. „Die Makkabäer" sind eine beeindruckende Historie, doch es handelt sich nur um Geschichte; Sie können sie lesen, wenn es Sie interessiert, doch sie werden Ihnen nichts über Gott mitteilen, weil diese Geschichte nicht prophetisch war. Nur prophetische Geschichte spricht uns in unserer heutigen Situation an. Daher kann Gott heute durch das Alte Testament zu Ihnen reden. Würde ich Sie im Buch der Makkabäer unterrichten, würde das nicht geschehen. Es wäre interessant, doch das ist auch alles. Erkennen Sie, wie wichtig es ist, dies alles überhaupt nicht als Geschichte zu betrachten, sondern als Gottes Gesetz und Gottes Prophetien – und alle anderen Bücher unter „Sonstiges" einzuordnen? Welches Prinzip lag nun dieser Auswahl zugrunde? Warum wurden die Apokryphen hier nicht eingeordnet? Die Antwort lautet, dass alle diese biblischen Bücher während der Zeit geschrieben wurden, als Gott lebendig war, das heißt, als Gott in dieser Welt aktiv handelte. Alle diese Bücher kommen also aus derselben prophetischen Zeit, der Zeit, als Gott wirkte. Keines dieser Bücher wurde in den Lücken verfasst. Wir haben in unserer Bibel also das Gesetz Gottes, die prophetische

Geschichte und auch alle anderen Bücher, die aus der Zeit stammen, als Gott mit seinem Volk beschäftigt war.

Können Sie die Form des Alten Testaments erkennen? Jetzt sehen wir, wie alles zusammenpasst. Ich will ein Schaubild erwähnen, das ich benutzt habe, als ich das 1. Buch Mose behandelte. Die ersten fünf Bücher der Bibel sind sehr besonders; sie sind grundlegend für die gesamte Bibel und beinhalten das Gesetz des Moses, die fünf Bücher Mose, die Torah. Sie ergeben ein sehr interessantes Muster. Erinnern Sie sich an ein Wurf-Spielzeug namens Diabolo? Behalten Sie seine Form im Kopf, wenn Sie die ersten fünf Bücher der Bibel betrachten: das 1. Buch Mose oder Genesis, was Anfänge bedeutet; das 2. Buch Mose oder Exodus, was Auszug heißt; das 3. Buch Mose oder Levitikus handelt von den Leviten; das 4. Buch Mose oder Numeri dreht sich um Zahlen. Das 5. Buch Mose oder Deuteronomium bedeutet zweites Gesetz, von „deutero" zweites und „nomos" Gesetz. Die Zehn Gebote wurden gegeben und zwar zweimal; doch betrachten Sie dieses erstaunliche Muster. Genesis dreht sich um die gesamte Menschheit. Exodus betrifft den Anfang von Israel als Nation. Levitikus konzentriert sich auf einen Stamm, die Leviten. Numeri handelt wieder von Israel als Nation und Deuteronomium betrachtet erneut die Geschichte der ganzen Welt. Schauen Sie sich nun die *Orte* an. Es beginnt in Chaldäa, dann geht es weiter nach Kanaan, Ägypten, Sinai, dann durch die Negev-Wüste und Edom, Moab und zurück ins Verheißene Land. Betrachten Sie die zeitliche Dimension: Genesis deckt viele Jahrhunderte ab, Exodus nur Jahre (300) und Levitikus nur einen Monat. Numeri beschäftigt sich wieder mit Jahren und Deuteronomium erneut mit Jahrhunderten. Es ergibt ein erstaunliches Muster, wenn Sie betrachten, wie alles wunderbar zusammengestellt wurde. Doch diese fünf Bücher sind in gewisser Hinsicht der wichtigste Teil des Alten Testaments. Je mehr Sie darüber wissen, desto besser werden Sie den Rest des Alten Testaments und sogar das Neue verstehen. Die Juden haben Recht damit, diese fünf Bücher besonders zu betonen. Sie sind die Grundlage der Bibel.

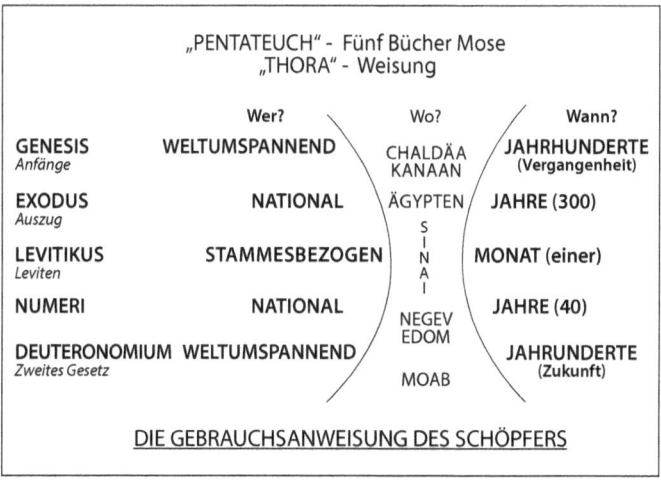

EINFÜRHUNG
IN DIE HEBRÄISCHE LYRIK

Wenden wir uns der hebräischen Lyrik zu. Glücklicherweise stellen die meisten unserer modernen Bibeln im Druckbild Lyrik als Lyrik dar und Prosa (Erzähltexte) als Prosa, und es ist sehr wichtig, dass sie das tun. Prosa wird beispielsweise wie eine Zeitungsspalte gedruckt, ohne Abstände zwischen den Sätzen, der Platz wird vollständig ausgenutzt, und sie ist in Absätze unterteilt. So sieht die Prosa aus. Die Lyrik jedoch hat größere Abstände, viel kürzere Zeilen und sie ist in Versen angeordnet, nicht in Absätzen. Warum ist der Unterschied zwischen Prosa und Lyrik wichtig? Warum sollten Sie eine Bibel besitzen, die Ihnen diesen Unterschied zeigt? Weil sich die englische (und deutsche) Lyrik ein wenig von der hebräischen Dichtkunst unterscheidet. Daher erkennen wir sie nicht immer so klar und deutlich. Wenn Gott in Prosa spricht, teilt er uns seine Gedanken mit, von seinem Verstand zu unserem. Doch wenn er poetisch redet, kommuniziert er uns seine Gefühle von Herz zu Herz. Das ist ein wichtiger Schlüssel, der Ihnen die Bibel aufschließen wird. Wenn Sie in der Bibel Lyrik lesen, sollten Sie nach den *Gefühlen* Gottes Ausschau halten. In der Heiligen Schrift steht tatsächlich sehr viel über Gottes Emotionen. Gott fühlt, und wir berühren seine Gefühle täglich. Heute machen wir ihn traurig, froh oder wütend, d.h. wir beeinflussen seine Gefühle ununterbrochen. Tatsächlich sind unsere Gefühle für Gott bei weitem nicht so wichtig wie seine Gefühle für uns.

Daher ist es wichtig, sowohl die Lyrik als auch die Prosa zu studieren, und ich werde jetzt die Lyrik betrachten.

Die meisten Propheten schrieben und sprachen in poetischer Form, was bedeutet, dass sie wirklich Gott aus dem Herzen sprachen, darüber, was er fühlte, ein sehr wichtiger Aspekt. Sie können zu intellektuell an Ihr Bibelstudium herangehen; Sie können einfach nur nette Gedanken daraus ableiten. Doch es ist notwendig, Gottes Gefühle nachzuempfinden, genauso wie seine Gedanken, und die Bibel teilt uns seine Gefühle in Gedichtform mit. Prosa stellt die normalere und natürlichere Art der Kommunikation dar. Wenn wir miteinander reden, nutzen wir die Prosa. Es wäre ziemlich seltsam, wenn wir die Lyrik gebrauchen würden; sie ist in gewisser Weise künstlich – sie muss komponiert werden. Sie müssen darüber nachdenken, was Sie sagen wollen, bevor Sie es in lyrischer Form tun können. Bei der Prosa können Sie hingegen gleich loslegen.

Stellen wir uns einmal vor, ich würde nach Hause kommen und Folgendes zu meiner Frau Enid sagen:

> Vom Hunger bin ich sehr geplagt,
> ich hätt' gern eine Schnitte.
> Die Spülmaschine hat versagt – ein saubres
> Messer, bitte!
> Und da es keinen Nachtisch gibt,
> nehm' ich noch Nachschlag, wenn's beliebt.

So spreche ich nicht, wenn ich nach Hause komme. Täte ich es doch, hätte ich im Voraus lange darüber nachdenken müssen; es ist eine künstliche Art der Sprache. Es ist nicht die alltägliche Sprache, sondern eine besondere. Warum benutzt man sie dann? Warum verfasst man Gedichte? Die Antwort lautet, dass die Lyrik eine viel tiefere Wirkung auf Menschen ausübt und sie daher stärker beeinflusst. Sie dringt in Bereiche vor, die der Prosa verschlossen bleiben. Aus diesem Grund finden Sie Gedichte auf Briefkarten, zum Valentinstag, zum Geburtstag und zu Weihnachten, weil es sich um Herzensbotschaften handelt. Daher übermitteln wir sie in Gedichtform und nicht in Prosa. Ich hoffe, Sie beginnen, ein Gefühl dafür zu entwickeln. Das ist übrigens ein treffender Ausdruck: ein *Gefühl* für die Lyrik zu entwickeln.

Zunächst einmal dringt die Lyrik tiefer in den Verstand ein; sie bleibt uns länger in Erinnerung. Es ist viel leichter, sich an Gedichte aus der Schulzeit zu erinnern als an reine Erzähltexte, stimmt's? Sie können Gedichte wiedergeben, die sie als Kind gelernt haben; sie bleiben im Gedächtnis. Die meisten von uns lernen unsere Theologie aus den Kirchen- und Lobpreisliedern. Warum? Weil es sich um Poesie handelt – und darum ist es so wichtig, genug inhaltsreiche Lieder zu kennen. Manche der heutigen Lieder haben wenig Inhalt. Doch wenn Sie sich wirklich in die didaktischen Kirchenlieder von Charles Wesley versenken, werden Sie sich eine Menge Wissen aneignen. Man kann sie sich viel leichter merken, denn sie dringen tiefer in den Verstand ein, in die intuitive und künstlerische Hälfte Ihres Gehirns, die Dinge besser behalten kann. Zweitens berühren Gedichte das Herz auf einer tieferen Ebene, sie erreichen Ihre Gefühle. Das möchte ich jetzt mit einem kleinen Gedicht tun:

> Sie schlenderten gemeinsam den Pfad entlang,
> der Himmel war voller Sterne,
> Vereint erreichten sie das Gattertor,
> er öffnete es ihr gerne.
> Weder lächelte sie noch dankte sie ihm,
> sie wusste auch nicht wie,
> war er doch nur ein Bauernjung'
> und sie ein Rindvieh!

Dieses Gedicht hat zwei Gefühle in Ihnen angerührt. Ihr Gefühl für Romantik; Ihr Herz schlug vielleicht etwas schneller, weil Sie sich fragten, was als Nächstes kommen würde; und, als es kam, wurde Ihr Sinn für Humor angesprochen. Hätte ich dasselbe in Prosa gesagt, wäre der Effekt bei Weitem nicht derselbe gewesen. Schließlich beeinflusst die Lyrik unseren Willen viel nachhaltiger. Sie kann Sie auf einer tieferen Ebene als die Prosa herausfordern, Ihren Lebensstil zu ändern. Ein Gedicht, dass ich schon oft in meinen Predigten zitiert habe, wurde von dem berühmten Militärgeistlichen des Ersten Weltkriegs Studdert Kennedy verfasst. Er wurde als *Woodbine Willy* bekannt, weil er billige Woodbine Zigaretten an die Soldaten verteilte, bevor er Pfarrer in Shrewsbury wurde – in einer Gemeinde, die heute zur Pfingstbewegung gehört. Ich habe dort gepredigt und an ihn gedacht. Sein wunderbares Gedicht heißt „Gleichgültigkeit". Hören Sie mir zu und überprüfen Sie, ob es Ihre Entschlusskraft herausfordert.

> Als Jesus kam nach Golgatha,
> da schlug man ihn ans Kreuz,
> trieb Nägel durch die Füße ihm
> und Hände beiderseits.
> Mit Dornen wurde er gekrönt,
> blutend und tief versehrt.
> Die Zeiten roh, erbarmungslos,
> ein Mensch war nicht viel wert.
>
> Als Jesus kam nach Birmingham,
> ging man an ihm vorbei,
> man tat ihm nichts, doch dass er starb,
> war ihnen einerlei.
> Feinfühliger geworden,
> hat man ihn nicht verletzt,

vorüber ging's, man ließ ihn nur
dem Regen ausgesetzt.

Vergib's der Menge, Jesus rief,
sie weiß nicht, was sie unterlässt.
Eiskalter Regen fiel und fiel,
bis auf die Haut ward er durchnässt.
Sie gingen heim, die Straßen leer,
kein einz'ger war mehr da.
Doch Jesus, an die Wand gedrückt,
weinte um Golgatha.

Haben Sie bemerkt, wie dieses Gedicht Sie wirklich ergreift? Aus diesem Grund nutzten die Hebräer die Lyrik – sie kann die ganze Person anrühren, das Herz, den Verstand und den Willen, daher hat Gott sie oft verwendet.

Das Wichtigste an der Poesie ist, dass sie die Worte sowohl schön als auch bedeutungsvoll erscheinen lässt. Das macht die Lyrik für uns anziehend; Worte sind so angeordnet, dass sie unserem Sinn für Schönheit entsprechen, unserem Sinn für Ästhetik, Balance, Symmetrie und Proportionen. Ein schöner Mensch hat ausgewogene Proportionen. Genau diese Symmetrie zieht uns in der Lyrik an. Die Worte haben eine wunderschöne Balance – die Verse haben dieselbe Länge.

Drei grundlegende Elemente der Lyrik lassen die Worte schön erscheinen. Zunächst einmal der Reim. Das ist ein typisches Merkmal der englischen (und deutschen) Poesie, jedoch nicht der hebräischen. Doch bei uns ist der Reim sehr beliebt, die Balance der sich reimenden Worte:

Max und Moritz, gar nicht träge,
Sägen heimlich mit der Säge,
Ritzeratze! voller Tücke,
In die Brücke eine Lücke.

(Aus „Max und Moritz" von Wilhelm Busch,
Anmerkung der Übersetzerin)

Alles reimt sich, und die meisten Kinderreime beruhen auf diesem attraktiven Muster. John Betjeman baute in seinen Gedichten hauptsächlich auf Reime. Jetzt gibt es auch reimlose Verse, und wir wissen nie, ob es sich um Poesie handelt oder nicht. Doch wenn die Worte wunderschön angeordnet sind, dann ist es Lyrik. Allerdings ist sie sicher nicht vom Reim abhängig. Heutzutage hat auch der „Schockvers" seine Berechtigung:

> Dreißig Tage im September,
> April, Juni und November;
> einunddreißig hat der Rest,
> ist das fair?

Eine Zeile überrascht Sie, durchbricht den Rhythmus und lässt Sie aufschrecken. Daher ist die Poesie ausnahmslos von beidem abhängig, von der Unregelmäßigkeit genauso wie vom Gleichmaß.

Das zweite Hauptelement ist der Rhythmus; der Takt lässt die Sprache ebenfalls schön erscheinen. Wir nennen es Versmaß, es beruht auf der Betonung der Silben; der Limerick ist ein klassisches Beispiel, er hat immer denselben Rhythmus.

Der Rhythmus ist auch für die hebräische Lyrik wichtig. Ein beliebter Rhythmus in der englischen und deutschen Poesie ist der 4/3 Rhythmus (vier- und dreihebiger Jambus): *Das Kind stand auf dem heißen Deck, die Flammen schlugen hoch.* Das ist der 4/3 Takt, der auch in der hebräischen Poesie weitverbreitet ist. Wir finden ihn auch in den gesungenen Psalmen Schottlands: *Der Herr, mein Hirte, führet mich.* (4) *Fürwahr, nichts mangelt mir.* (3) *Er lagert mich auf grünen Au'n* (4) *bei frischem Wasser hier.* (3). 4,3,4,3. Irgendwie behalten wir das im Kopf, es ist ein Rhythmus, der die Worte an der richtigen Stelle fixiert. Das ist also das zweite Merkmal.

Beim Rhythmus ist es furchtbar wichtig, dass die Betonung auf die richtige Silbe fällt. Ich muss sagen, dass dies in vielen Liedern nicht der Fall ist. Ich gebe Ihnen nur ein Beispiel: *O Mensch, bewein dein Sünde groß/ darum Christus seins Vaters Schoß/ äußert´ und kam auf Erden...!* Das irritiert wirklich, oder? Denn die Betonung liegt auf den falschen Silben (da*rum* Chris*tus*). Das ist ein Unterschied zwischen guten und schlechten Liedversen sowie guter und schlechter Lyrik. Liegt die Betonung nicht auf dem richtigen Wort, so erreicht es uns nicht. In der hebräischen Poesie stimmt der Rhythmus, doch natürlich ist das nicht so einfach ins Englische und Deutsche zu übersetzen.

Das Dritte, was die Poesie schön macht, ist die Wiederholung, wir haben also Reim, Rhythmus und Wiederholung. *Und Brutus ist ein ehrenwerter Mann, und Brutus ist ein ehrenwerter Mann* – irgendwie hat die Wiederholung auf uns poetische Wirkung. Oder: *Mäh, mäh, schwarzes Schaf, hast Du Woll' für mich? Ja, Sir, ja Sir* – durch die Wiederholung eines Wortes entsteht eine Balance. Wir haben zwei Augen, zwei Ohren, zwei Nasenlöcher, zwei Arme und zwei Beine. Daher wird aus der Wiederholung eines Wortes Poesie; alles wird für uns gleichmäßig und symmetrisch, insbesondere die zweifache Wiederholung.

Angenehme Klänge sind wichtig, und Lyrik ist dazu bestimmt, laut gelesen zu werden. Sie verstehen Poesie nicht wirklich, wenn Sie sie nur mit Ihren Augen aufnehmen. Daher sollten Sie die Psalmen beispielsweise laut lesen. Sie werden viel mehr davon haben, wenn Sie die biblische Lyrik laut statt leise lesen. Der Klang von Poesie hat etwas zutiefst Befriedigendes; sie beruht auf dem Klang, der Inhalt ist hübsch verpackt, und sie lässt uns über Dinge *staunen*. Die Poesie versetzt den Hörer in Erstaunen, was der Prosa fremd ist. Und das Erstaunen macht schon die Hälfte der Anbetung aus. Daher sind die Psalmen alle in poetischer Form verfasst.

Hier habe ich verschiedene Formen eines Kinderreims für Sie:

Funkel, funkel, kleiner Stern, wer du bist,
das wüsst' ich gern.
Über uns in großen Höhn, wie ein Diamant so schön.

Sie können das kindliche Staunen in diesem Gedicht dadurch zerstören, dass Sie es auf wissenschaftliche Begriffe reduzieren:

Funkel, funkel, kleines Licht, wer du bist,
das frag ich nicht.
Heiße Gase kondensiert,
eingestampft und komprimiert.

Ist es Ihnen aufgefallen? Das kindliche Erstaunen ist verschwunden. Gehen wir noch einen Schritt weiter:

Szintillier´, szintillier´, kleine Plasmakugel,
deine Daten finde ich auf Google.
Lichtjahre entfernt, im Kosmos platziert,
mit Carbon hoch drei assoziiert.

Es ist das gleiche Gedicht, doch seine Schönheit wurde vernichtet; es hat einen wissenschaftlichen Charakter bekommen, und in gewisser Weise ist die Prosa die wissenschaftliche Sprache des Denkens, während die Poesie die Herzenssprache des Staunens ist. Sie hat eine kindliche Qualität.

All das hat mit Lyrik im Allgemeinen zu tun. Eine weitere Eigenschaft der Poesie ist, dass sie sowohl visuell als auch verbal ist. Sie malt ständig Bilder in unsere Gedanken, die wir *sehen* können. Bilder – Einbildung ist sehr notwendig, um Poesie schreiben zu können. Sie verwendet viele Metaphern, Vergleiche und Bilder – funkel, funkel, kleiner Stern, wie ein Diamant so schön; das ist ein Bild; Sie können den Diamanten sehen. Oder in den Psalmen: *Wie der Hirsch lechzt nach Wasserbächen, so lechzt meine Seele nach dir, o Gott!* Das Bild eines Tieres, das hechelt und dessen Zunge heraushängt – wie der Hirsch lechzt, so lechzt meine Seele nach Gott.

Bisher haben wir die englische (und deutsche Poesie) betrachtet, die auf der griechischen und römischen Lyrik beruht.

Dort ist der Klang entscheidend. In der hebräischen Poesie ist das nicht der Fall, dort liegt die Betonung auf dem Sinn. Das hat folgenden Grund: Wenn Sie nicht aufpassen, kann der Klang den Sinn übertrumpfen, sodass Sie den Klang der Dichtkunst schätzen, aber keine Botschaft erhalten. Die Engländer sind folglich für ihre „Nonsensliteratur" bekannt, zu deren Meistern Edward Lear und Lewis Carroll gehören. *Anmerkung der Übersetzerin: Ein bekannter deutscher Vertreter dieser Richtung ist Christian Morgenstern mit seinem Gedicht „Das große Lalula". Es wird der Lautpoesie zugerechnet:*

> Kroklokwafzi? Semememi!
> Seiokrontro -- prafriplo:
> Bifzi, bafzi; hulalemi:
> quasi basti bo...
> Lalu lalu lalu lalu la!

Verstehen Sie das? Wunderschöne Dichtkunst, lieblich zu lesen, faszinierend – doch die Botschaft? Welche Botschaft? Sie wird vergeudet. Darum legt die hebräische Lyrik die Betonung nicht auf den Klang der Worte, sondern auf ihren

Sinn – und aus diesem Grund suchen wir immer nach dem Sinn. Daher gibt es sehr wenige Reime in der hebräischen Poesie. Ein gewisser Rhythmus ist vorhanden, insbesondere die 4/3 und 3/3 Jamben, doch sie beruht hauptsächlich auf Wiederholungen, sie sind der Schlüssel zur hebräischen Lyrik. Wir nennen dieses Phänomen Parallelismus, der auf der zweifachen Wiederholung beruht. Wie schon gesagt haben wir zwei Augen, zwei Arme und zwei Beine; eine solches Paar sorgt für Gleichgewicht, daher ist ein Großteil der hebräischen Lyrik in der sog. Couplet-Form verfasst (Verspaare): Zwei Aussagen, die zusammengehören, und diese beiden Aussagen sind in verschiedener Art und Weise aufeinander bezogen, um Abwechslung zu erzeugen. Manchmal ist die zweite Aussage dieselbe wie die erste, den gesamten Psalm hindurch. Es wird etwas gesagt, und dann folgt darauf: *denn seine Gnade währet ewig*; dann kommt ein weiterer Satz und wieder: *denn seine Gnade währet ewig*. Das ist also eine sehr einfache Form der hebräischen Poesie: ein Refrain als zweite Hälfte jedes Verspaares. Das ist wirklich effektiv, denn ein Couplet ermöglicht Ihnen den antiphonischen, d.h. den Wechselgesang. Das bedeutet, zwei Chöre singen gegeneinander oder einander zu. Ein Chor singt den ersten Satz, der zweite Chor singt den zweiten Satz quasi als Nachhall, wie ein Echo. Die Psalmen entwickeln eine starke Wirkung, wenn man sie so antiphonisch singt; wenn eine Partei den ersten Vers singt, liest oder ausspricht und die andere den zweiten. Versuchen Sie es einmal.

Im Neuen Testament werden die Psalmen in der Anbetung verwendet, das sollten wir ebenfalls tun. Leider enthalten moderne Lieder normalerweise nicht mehr als einen oder zwei Verse eines Psalms; dadurch entgeht ihnen der Kontext eines Psalms. Es ist jedoch so wichtig, den Psalm als Ganzes zu begreifen. Ermutigen Sie daher Ihre Gemeinde, einen Psalm in seiner Ganzheit zu nutzen. Können Sie die Psalmen nicht singen, sagen Sie sie laut auf, doch lesen Sie die Verse als Verspaare – erst eine Stimme, dann antworten die anderen darauf. Die drei Arten, in der die einzelnen Verse aufeinander bezogen sind, dieser Parallelismus, stellt also ein Echo dar. Nehmen wir eine typische Bibelstelle:

> *Wohin soll ich gehen vor deinem Geist,*
> *und wohin soll ich fliehen vor deinem Angesicht?*
> Psalm 139,7 (LUT)

Das ist hebräische Poesie: Dasselbe wird zweimal gesagt. Die zweite Zeile bildet das Echo der ersten und verleiht der Aussage eine wunderschöne Balance und Symmetrie. Sagt man etwas zweimal, bleibt es einem natürlich besser im Gedächtnis, und der Gedanke verstärkt sich. Predige ich in einer anderen Sprache, muss ich es durch einen Übersetzer tun, den man auch als „Unterbrecher" bezeichnen könnte; er stiehlt mir die Hälfte meiner Zeit. Diejenigen, die Englisch verstehen, hören die Botschaft allerdings zweimal, und sie profitieren so sehr davon, weil sie den Satz zuerst auf Englisch von mir hören und dann in ihrer Sprache nochmals durch den Übersetzer. Sie bekommen so viel mehr mit als die anderen, die nur ihre Muttersprache verstehen. Diese Wiederholung ist also sehr nützlich, um etwas zu betonen – man sagt es zweimal; sie erzeugt eine Antwort; dieses Echo sorgt hervorragend für ein Gleichgewicht, aber es handelt sich nicht einfach nur um eine Wiederholung. Die zweite Zeile führt normalerweise den Gedanken der ersten noch etwas weiter aus und zwar auf vielerlei Weise. Nehmen wir ein Beispiel aus Psalm 6 (LUT): *Herr, strafe mich nicht in deinem Zorn, und züchtige mich nicht in deinem Grimm!* Strafen kann auch nicht-körperliche Maßnahmen beinhalten, d.h. einen mündlichen Verweis, doch züchtigen bedeutet in diesem Kontext schlagen. Die zweite Zeile steigert daher den Gedanken der ersten etwas. Weise mich nicht zurecht und schlage mich nicht – doch die beiden Verse gehören zusammen; sie sind poetisch.

Betrachten wir nun den nächsten Vers (Psalm 6,3; NLB):

Hab Erbarmen mit mir, Herr, denn ich bin schwach.
Heile mich, Herr, denn mein Körper leidet Qualen.

In der ersten Zeile fühlt sich der Psalmist schwach, doch in der zweiten leidet sein Körper Qualen und benötigt Heilung. Erneut entwickelt die zweite Zeile die erste ein wenig weiter. Ich hoffe, dies alles verleidet Ihnen nicht die Lyrik.

Poesie zu analysieren ist fast so, als würde man eine Blume auseinanderrupfen, um ihr Staubblatt zu untersuchen, man zerstört sie. Lyrik muss in ihrer Schönheit erlebt werden, doch ich möchte Ihnen helfen zu verstehen, was geschieht, wenn Sie einen Psalm lesen, warum und wie er geschrieben wurde.

Es gibt drei Hauptarten des Couplets – erstens, Synonyme: Derselbe Gedanke wird mit anderen Worten ausgedrückt (darüber haben wir bisher schon gesprochen); beim antithetischen Parallelismus widerspricht die zweite Zeile gewissermaßen der ersten oder sie bildet einen Kontrast. Die Balance entsteht durch den Kontrast. Zum Beispiel: *Die mit Tränen säen, werden mit Freuden ernten* (Psalm 126,5; LUT). Erkennen Sie den Kontrast?

Säen und ernten, Tränen und Freude. Das Couplet hat also einen eingebauten Kontrast – das nennen wir ein antithetisches Couplet. Es handelt sich um den entgegengesetzten Gedanken. Synonyme bezeichnen denselben Gedanken, der mit anderen Worten ausgedrückt wird; entweder wird er einfach nur, wie beim ersten Beispiel, wiederholt, oder die zweite Zeile führt ihn noch etwas weiter aus, wie wir schon gesehen haben. Doch bei beiden handelt es sich tatsächlich um denselben Gedanken, der anders ausgedrückt wird. Jetzt allerdings wird der Gegensatz gebildet und zusammen mit dem ersten Gedanken geäußert: *Sie gehen hin und weinen und tragen guten Samen und kommen mit Freuden und bringen ihre Garben.* Das hat diese beiden Verse beträchtlich weiterentwickelt: jetzt haben wir *mit Freuden kommen* und *Garben bringen* einerseits und *hingehen, weinen* und *guten Samen tragen* andererseits.

Dann gibt es die sogenannten synthetischen Couplets, sie *ergänzen* den ersten Gedanken, statt ihn zu wiederholen oder ihn zu kontrastieren, sie fügen noch viel mehr hinzu. *Der Herr ist mein Hirte, mir wird nichts mangeln* (Psalm 23,1; ELB). Die zweite Zeile ist das Resultat der ersten; die erste ist die Ursache, die zweite ist die Wirkung. Psalm 23 ist auf diesem synthetischen Muster aufgebaut. *Er lagert mich auf grünen Auen*, dieser Gedanke wird nicht wiederholt, doch: *er führt mich zu stillen Wassern*. Wie bedeutsam werden diese beiden Zeilen, wenn man das Schafehüten im Nahen Osten studiert. Es gibt nicht überall grünes Gras, und Sie können nicht einfach Schafe auf eine Wiese treiben, um sie dort grasen zu lassen. Sie müssen täglich bis zu 20 Kilometer weit laufen, um frisches Gras zu finden, und ein guter Hirte weiß, wo sich die grünen Weiden befinden. Darüber hinaus liegen die Nüstern eines Schafs sehr nah an seinem Mund, viel näher als das bei uns Menschen der Fall ist. Das bedeutet, die Schafe können nur trinken, wenn das Wasser still ist. Versuchen sie aus bewegtem oder laufendem Wasser zu trinken, werden sie ertrinken. Sie werden das Wasser ihre Nüstern hinaufziehen. Daher muss der Hirte wissen, wo sich die grünen Weiden und das stille Wasser befinden. Diese beiden Aspekte gemeinsam zeichnen das Bild eines Hirten, der wirklich etwas von seiner Arbeit versteht und seine Schafe gut versorgen kann. Das ist also die synthetische Poesie.

Es gibt also diese drei Formen der Poesie mit ihren vielen Variationen. Sie werden feststellen, dass diese Muster ständig durch Unregelmäßigkeiten unterbrochen werden, einfach, um es interessant zu halten und ein wenig spannend zu machen. Manchmal wird also der Rhythmus unterbrochen, ein anderes Mal das Muster. Manchmal gibt es drei Zeilen statt nur zwei. Betrachten wir einige Beispiele, hier aus Psalm 29,1+2a (ELB):

Gebt dem Herrn, ihr Göttersöhne,
gebt dem Herrn Herrlichkeit und Kraft!
Gebt dem Herrn die Herrlichkeit seines Namens.

Hier haben wir nun eine Dreiergruppe, wir nennen sie Trikolon, und sie steigert sich zu einem Crescendo, einem Höhepunkt! *Gebt dem Herrn!*, das ist der Refrain, dem in diesen drei Zeilen verschiedene Worte beigefügt werden.

Oder betrachten wir Psalm 3,2+3 (LUT):

Ach, HERR, wie sind meiner Feinde so viel
und erheben sich so viele wider mich!
Viele sagen von mir: Er hat keine Hilfe bei Gott.

Hier wiederholt sich das Wort „viel" bzw. „viele". Dabei baut jede Zeile auf der vorangegangenen auf. Manchmal gibt es auch eine Auslassung, ein Wort wird nicht erwähnt oder ein Begriff fällt weg. Diese Verse sind voller Bilder: „Wie der Hirsch lechzt"; das haben wir schon behandelt.

Wie sich ein Vater über Kinder erbarmt, so erbarmt sich der Herr über die, die ihn fürchten, Psalm 103,13 (ELB). Es ist das Bild eines gütigen Vaters, der sich seinen Kindern zuwendet. Manchmal geht die erste Verszeile auch in die zweite über, d.h. der zweite Teil der ersten Zeile wird zum ersten Teil der zweiten, zum Beispiel:

> *Denn der HERR kennt den Weg der Gerechten;*
> *aber der Weg der Gottlosen führt ins Verderben.*
> Psalm 1,6 (SLT)

Hier hat „der Weg" den Platz getauscht.

All das soll dazu dienen, dass Sie die hebräische Lyrik noch mehr schätzen lernen. Manchmal gibt es auch eine Art treppenartige Steigerung, die nach oben führt. Hier ein Beispiel für eine stufenartige Steigerung:

> *Die Stimme des Herrn zerbricht Zedern,*
> *der Herr zerschmettert die Zedern des Libanon.*
> Psalm 29,5 (ZB)

In der zweiten Zeile wird etwas Neues eingeführt, nämlich die Zedern des Libanon. Manchmal beruht die Lyrik auf dem Alphabet. Ich erinnere mich an einen alten Pop-Song, der vor vielen Jahren aktuell war: „A, du bist anbetungswürdig, B, du bist bewundernswert, C, du bist so charmant..." Das ist ein akrostisches Gedicht, das nach dem Alphabet strukturiert ist, was auf viele Psalmen zutrifft. Der erste Vers beginnt mit Aleph (A im Hebräischen). In Psalm 119, der sehr lang ist, geht es dann immer so weiter, jeder Vers eines Abschnitts beginnt mit dem nächsten Buchstaben des Alphabets, bis zum Schluss. Es ist künstlich, und manche Menschen sagen: „Wir sollten ganz natürlich mit Gott sprechen; wir sollten nicht gekünstelt reden; wir sollten spontan sein und ihm einfach das sagen, was uns gerade in den Kopf kommt." Tun Sie das, werden Sie nur Prosa verwenden, wenn Sie Gott ansprechen.

Ich meine jedoch, wir sollten die Lyrik ebenfalls verwenden, weil sie uns dazu bringt, zu überlegen, was wir sagen wollen. Sie müssen vorbereiten, was Sie ausdrücken möchten. So werden die meisten Kirchen- und

Lobpreislieder geschrieben. Jemand setzt sich hin und fragt sich: Was möchte ich Gott sagen? Er denkt darüber nach und bereitet etwas vor. Wir verwenden künstliche Sprache, wann immer wir ein Kirchenlied singen, doch es ermöglicht uns, gemeinsam zu singen. Wenn ich einfach zu einer Gemeinde sagen würde: „Das nächste Mal, wenn wir anbeten, soll jeder von euch nur das singen, was er Gott wirklich sagen will", dann kommt es zum Chaos. Dann haben wir individuellen Lobpreis statt gemeinschaftlichen. Der Vorteil der Poesie im Lobpreis besteht also darin, dass wir etwas gemeinsam ausdrücken können.

Es gab früher bei uns Zuhause eine Familientradition: Unsere drei Kinder weckten mich an einem bestimmten Tag zu einer unchristlichen Zeit auf, stellten sich am Fuß meines Bettes in einer Reihe auf, alle drei, und sprachen mich in höchst gekünstelter Form poetisch an. Wenn sie fertig waren, überreichten sie mir eine Tüte ihrer Lieblingssüßigkeiten! Als sie dort standen, sangen sie „Happy Birthday to you". In gewisser Weise war das künstlich, dass sie zu dritt aufgereiht dastanden und alle dasselbe sangen. Wäre es nicht schöner gewesen, wenn jedes von ihnen einzeln zu mir gekommen wäre und mir gesagt hätte, was es wirklich fühlte, wie: „Papi, ich hab dich lieb?" Nein, denn dann hätten sie es nicht als Familie getan. Verstehen Sie, was ich damit sagen will? Die Tatsache, dass sie gemeinsam kamen und sangen, war *für mich* bedeutungsvoller, weil sie dadurch ihre Beziehung zueinander demonstrierten. Es gefällt dem Herrn, wenn wir etwas gemeinsam zu ihm sagen, und dafür müssen wir natürlich eine künstliche Art der Sprache wählen, etwas, das jemand anderes geschrieben hat; doch Gott liebt es, uns zusammen zu sehen – wie wir in einer Reihe stehen und ihm etwas zusingen. Damit drücken wir aus: „Gott, wir sind zusammengekommen, um das zu tun." Und die Poesie erlaubt es uns. Daher freue ich mich über die lyrische Form.

Hebräische Lyrik kann sehr einfach in anderen Sprachen genutzt werden. Gedichte, die auf Reimen beruhen, sind sehr schwierig zu übersetzen, weil sich die Worte in einer anderen Sprache nicht reimen. Ich habe es versucht und ich zitiere gerne ein Gedicht, wenn ich predige. Mit einem Übersetzer funktioniert das jedoch nicht, es kommt einfach nicht rüber. Der große Vorteil der hebräischen Poesie besteht darin, dass sie einfach übersetzt werden kann, und selbst auf Englisch (oder Deutsch) erreicht die Lyrik den Zuhörer, das Gleichmaß der Couplets ist vermittelbar.

Glauben Sie, dass Poesie Gottes Herz genauso berührt wie unseres? Ich glaube schon, und ich glaube auch, dass König David das wusste; und den Propheten war bewusst, dass sie menschliche Herzen mit Lyrik besser erreichen konnten als mit Prosa. Genau deshalb haben sie diese Sprachform verwendet, was bedeutet, dass sie wirklich nachdenken mussten, was sie sagen wollten. Sie mussten in Gottes Gegenwart darüber nachdenken und dem Heiligen Geist erlauben, das, was sie ausdrücken wollten, in poetische Form zu bringen; damit sie es auf eine Art sagen würden, die die Menschen nicht vergessen konnten. Ich glaube, es berührt Gottes Herz. Ich glaube, er mag Poesie. Es gibt so viele Eigenschaften Gottes, die auch in uns vorkommen. Sie wissen, dass Gott gehen kann. Darum ist gehen oder wandern die gesündeste Art, Sport zu treiben. Sie wissen, dass Gott singt. Zefanja ist der Prophet, der uns mitteilt, dass Gott über uns in Gesang ausbricht, dass er über uns jubelt mit Gesang. Aus diesem Grund singen auch wir. Sie wissen schon, dass Gott pfeift, oder? Lesen Sie die ersten Kapitel des Buches Jesaja, wenn Sie mir nicht glauben. Sie fragen: in welcher Übersetzung? In jeder Übersetzung. Gott pfeift, daher können Sie es auch tun.

Doch ich glaube, die Poesie berührt sein Herz, weil sich jemand Gedanken gemacht hat, was er ihm sagen will, jemand hat Zeit darauf verwendet, sich zu fragen: Wie kann ich mich damit am besten an Gott wenden? Und dann ein wunderschönes Kirchen- oder Lobpreislied komponiert hat.

HEBRÄISCHE LYRIK

„PARALLELISMUS" Gedanke – Rhythmus
Gleichmaß im SINN, nicht im KLANG

1. SYNONYM: derselbe Gedanke – mit anderen Worten

a. WIEDERHOLT

„Wohin soll ich <u>gehen</u> vor deinem <u>Geist</u>, und wohin soll ich <u>fliehen</u> vor deinem <u>Angesicht</u>?"

b. WEITER AUSGEFÜHRT

„Herr, <u>strafe</u> mich nicht in deinem Zorn, und <u>züchtige</u> mich nicht in deinem Grimm! Hab Erbarmen mit mir, Herr, denn ich bin <u>schwach</u>. Heile mich, Herr, denn mein Körper <u>leidet Qualen</u>."

2. ANTITHETISCH: entgegengesetzter Gedanke

„Die mit Tränen säen, werden mit Freuden ernten.
Sie gehen hin und weinen und tragen guten Samen
und kommen mit Freuden und bringen ihre Garben."

3. SYNTHETISCH: ergänzender Gedanke

„Der Herr ist mein Hirte, mir wird nichts mangeln.
Er lagert mich auf grünen Auen,
er führt mich zu stillen Wassern."

ÜBER DAVID PAWSON

Als Referent und Autor ist David der Bibel in kompromissloser Treue verpflichtet. Mit großer Klarheit und Dringlichkeit fordert er Christen dazu auf, die verborgenen Schätze des Wortes Gottes zu entdecken.

David wurde 1930 in England geboren und begann seine berufliche Karriere mit einem Abschluss in Agrarwissenschaften an der Universität von Durham. Doch Gott intervenierte und berief ihn in den vollzeitlichen Dienst. Daraufhin absolvierte er einen Magisterstudiengang in Theologie an der Universität von Cambridge und diente drei Jahre lang als Militärgeistlicher in der Royal Air Force. Im weiteren Verlauf seines Berufslebens war er als Pastor mehrerer Gemeinden tätig, einschließlich des Millmead Centres in Guildford, das vielen Gemeindeleitern im Vereinigten Königreich zum Vorbild wurde. Im Jahr 1979 begann sein internationaler Reisedienst. Heute dient er hauptsächlich Gemeindeleitern auf der ganzen Welt.

Im Laufe der Jahre hat David viele Bücher, Broschüren und Andachtswerke verfasst. Seine umfangreiche und leicht verständliche Übersicht über die biblischen Bücher ist unter dem Titel „Schlüssel zum Alten Testament" und „Schlüssel zum Neuen Testament" als Buch und Videoserie veröffentlicht worden. Sein Lehrmaterial hat in millionenfacher Auflage Menschen in mehr als 120 Ländern erreicht und ihnen dadurch eine solide biblische Grundlage vermittelt.

Er gilt als „einflussreichster westlicher Prediger in China", da seine Bestseller-Serie „Schlüssel zum Alten Testament" und „Schlüssel zum Neuen Testament" durch „Good TV" in jeder chinesischen Provinz gesendet wurde. Im Vereinigten Königreich werden Davids Lehreinheiten oft auf „Revelation TV" gesendet.

Unzählige Christen auf der ganzen Welt haben bereits von Davids großzügiger Entscheidung im Jahr 2011 profitiert, seine umfangreiche Audio-und Video-Bibliothek mit seinem Lehrmaterial kostenfrei auf www.davidpawson.org zur Verfügung zu stellen. Erst kürzlich haben wir Davids gesamtes Videomaterial auf einen speziellen Youtube-Kanal unter www.youtube.com hochgeladen.

ZUM YOUTUBE-KANAL
www.youtube.com/c/DavidPawsonaufDeutschOffiziell

SCHLÜSSEL ZUR BIBLISCHEN WAHRHEIT – DIE SERIE

Hat Ihnen dieses Buch gefallen? Es gibt weitere Titel dieser Serie. Bitte melden Sie sich unter untenstehendem Link an und laden Sie diese Titel kostenlos herunter:
www.biblische-wahrheit.com

Weitere Bücher dieser Serie:
Das erstaunliche Leben Jesu
Die Auferstehung – das Herz des Christentums
Die Bibel effektiv studieren
Salbung und Erfüllung mit dem Heiligen Geist
Das Taufverständnis des Neuen Testaments
Die Bibel Buch für Buch studieren: der Judasbrief
Wie werde ich Christ? Die entscheidenden Schritte
Was sagt die Bibel zum Thema Geld?
Was sagt die Bibel zum Thema Arbeit?
Gnade: unverdiente Gunst, unwiderstehliche Kraft oder unbedingte Vergebung?
Kann ich meine Errettung wieder verlieren?
Drei Texte, die oft aus dem Kontext gerissen werden: Joh. 1,12+13; Joh. 3,16; Offb. 3,20
Was bedeutet die Dreieinigkeit?
Die Wahrheit über Weihnachten

Als Druckausgaben können Sie diese Bücher kaufen bei:
Amazon oder **www.thebookdepository.com**

SCHLÜSSEL ZUM ALTEN UND NEUEN TESTAMENT

Das Alte Testament umfasst: „Die Anweisungen des Schöpfers" (Die fünf Bücher Mose); „Ein Land und ein Königreich" (Josua, Richter, Rut, 1. & 2. Samuel, 1. & 2. Könige); „Gedichte der Anbetung und der Weisheit" (Psalmen, Hohes Lied, Sprüche, Prediger, Hiob); „Aufstieg und Fall eines Großreiches" (Jesaja, Jeremia und weitere Propheten); „Der Kampf ums Überleben" (Chroniken und die Propheten des Exils).

Das Neue Testament beinhaltet: „Der Dreh- und Angelpunkt der Geschichte" (Matthäus, Markus, Lukas, Johannes und die Apostelgeschichte); „Der dreizehnte Apostel" (Paulus: Persönlichkeit und Briefe); „Durch Leiden zur Herrlichkeit" (Hebräer, Jakobus, Petrus und Judas, die Offenbarung).

Beide Bände, sowohl „Schlüssel zum Alten Testament" als auch „Schlüssel zum Neuen Testament", sind bereits internationale Bestseller.

Weitere Publikationen von David Pawson (Englisch) finden Sie unter www.davidpawsonbooks.com und www.davidpawson.com

www.ingramcontent.com/pod-product-compliance
Lightning Source LLC
Chambersburg PA
CBHW071546080526
44588CB00011B/1816